Les volcans

écrit par **Simon Adams**
traduit par **Élisabeth de Galbert**

Édition originale parue sous le titre :
My Best Book of Volcanoes
© Macmillan Children's Books 2001,
une division de Macmillan Publishers Ltd., Londres
Illustrations : Rob Jakeway, Bill Donohoe

Pour l'édition française :
Copyright © 2001, 2006, 2008, 2011, 2015, 2016 NATHAN
Pour la présente édition : © 2017 NATHAN, SEJER,
25 avenue Pierre de Coubertin, 75013 Paris
Conseiller scientifique : François Le Guern, *volcanologue*
Réalisation : Archipel studio
N° éditeur : 10230704
ISBN : 978-2-09-255293-3
Dépôt légal : octobre 2011
Conforme à la loi n° 49-956 du 16 juillet 1949
sur les publications destinées à la jeunesse,
modifiée par la loi n° 2011-525 du 17 mai 2011.
Achevé d'imprimer en décembre 2016 par Wing King Tong
Products Co. Ltd., Shenzhen, Guangdong, Chine
www.nathan.fr

LES QUESTIONS DU LIVRE

4 *Qu'est-ce qu'un volcan ?*

4 *Lave et magma, quelle différence ?*

5 *L'éruption ressemble-t-elle à un feu d'artifice ?*

6 *Par où passe le magma ?*

7 *Un volcan change-t-il d'aspect ?*

8 *Tous les volcans se ressemblent-ils ?*

8 *Un volcan sans trou ?*

8 *Un volcan-bouclier ?*

8 *Nuage ou volcan ?*

9 *Un volcan en forme de cône ?*

9 *Un volcan baignoire ?*

9 *Un volcan mille feuilles ?*

10 *Comment se forment les volcans ?*

11 *Qu'est-ce qu'un point chaud ?*

12 *Un volcan s'endort-il pour toujours ?*

12 *Que crache un volcan ?*

13 *Quelle a été la plus forte éruption du xxe siècle ?*

14 *À quelle vitesse coule la lave d'un volcan ?*

14 *L'Etna est-il un dangereux voisin ?*

15 *Comment la lave refroidit-elle ?*

16 *À quoi reconnaît-on un volcan actif ?*

16 *Où trouve-t-on des geysers ?*

17 *Comment est né le Paricutín ?*

18 *Y a-t-il des volcans sous la mer ?*

18 *Comment se forme une île volcanique ?*

19 *Des cheminées dans la mer, ça existe ?*

20 *Comment naissent les lacs volcaniques ?*

20 *Y a-t-il de la vie dans les lacs volcaniques ?*

21 *Comment se forme une caldeira ?*

22 *Les éruptions sont-elles fréquentes ?*

22 *Quels dégâts peuvent être causés par de grosses éruptions ?*

23 *Pourquoi le Vésuve est-il célèbre ?*

24 *Que se passe-t-il après une éruption ?*

25 *Comment le mont Saint-Helens a-t-il perdu la tête ?*

26 *Peut-on vivre près d'un volcan ?*

27 *Dans quel pays d'Europe trouve-t-on le plus de volcans ?*

28 *Qui étudie les volcans ?*

29 *Avec quel matériel ?*

30 *Y a-t-il des volcans extraterrestres ?*

30 *Quel volcan est trois fois plus haut que l'Everest ?*

30 *Qui a vu une éruption sur Io ?*

31-32 *Glossaire et index*

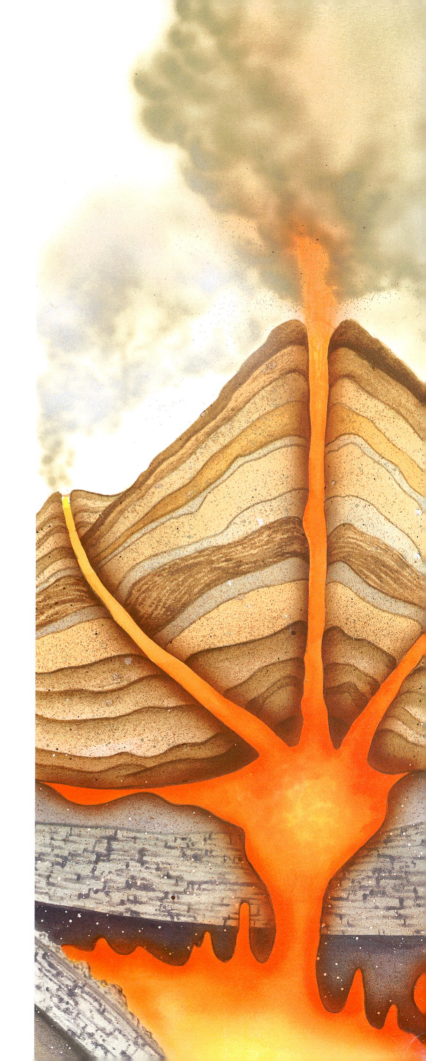

Qu'est-ce qu'un volcan ?

Un volcan est un trou dans la terre d'où jaillit une roche liquide brûlante, le magma. L'explosion d'un volcan, ou éruption volcanique, est l'un des phénomènes naturels les plus spectaculaires. Cendres, roches et gaz sont éjectés dans l'atmosphère et obscurcissent le ciel en refroidissant le climat. Il existe des volcans de toutes formes et de toutes tailles.

Ce volcanologue protégé par une combinaison surveille une coulée de lave.

Lave et magma, quelle différence ?

Le magma est de la roche en fusion au centre de la Terre. Quand le magma atteint la surface, on le nomme lave. Parfois des coulées de lave descendent du volcan, dessinant comme une rivière de plusieurs centaines de mètres de profondeur.

L'éruption ressemble-t-elle à un feu d'artifice ?

Oui, l'éruption d'un volcan peut faire penser à un feu d'artifice géant. Lorsqu'un volcan entre en éruption, des blocs de magma incandescents sont projetés à plusieurs centaines de mètres de hauteur. Certains atterrissent à plus d'un kilomètre du volcan.

Par où passe le magma ?

Après s'être accumulé dans la chambre magmatique, une cavité située sous le volcan, le magma remonte par de longs conduits jusqu'à la surface, où il se répand sous forme de lave. On appelle ces conduits des cheminées magmatiques. Il en existe aussi sous le fond marin, là où le magma s'infiltre dans la croûte océanique par des fissures, ou failles. Le magma peut atteindre 1 200 °C, une température si élevée (l'eau bout à 100 °C) qu'elle rend le magma lumineux.

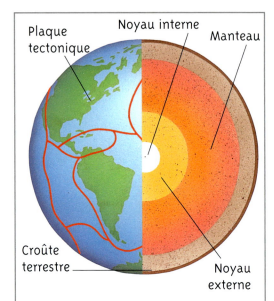

Au centre de la Terre se trouve un noyau de métal dur, entouré d'un noyau externe de métal fondu. Celui-ci est recouvert d'une couche de roches très chaudes, le manteau. La croûte terrestre est brisée en grands morceaux appelés plaques tectoniques.

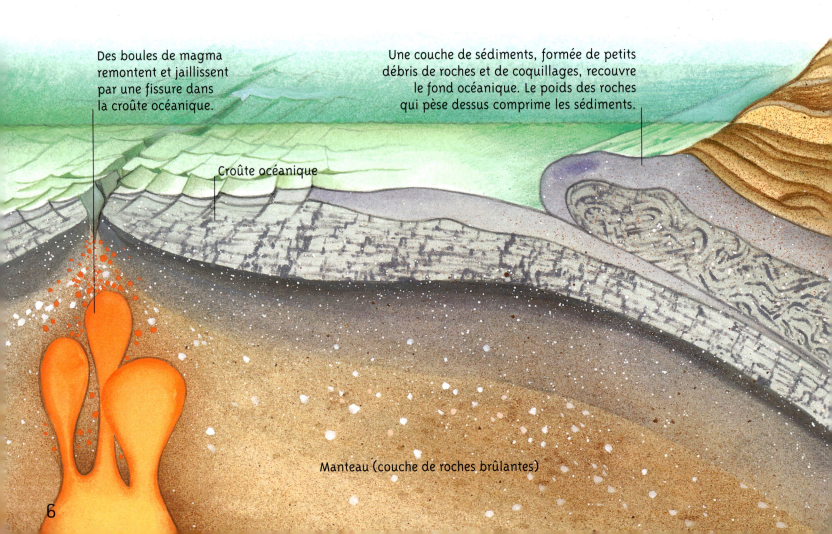

Des boules de magma remontent et jaillissent par une fissure dans la croûte océanique.

Une couche de sédiments, formée de petits débris de roches et de coquillages, recouvre le fond océanique. Le poids des roches qui pèse dessus comprime les sédiments.

Croûte océanique

Manteau (couche de roches brûlantes)

Un volcan change-t-il d'aspect ?

Oui, à chaque éruption, car la lave se répand en surface, puis refroidit en formant une nouvelle couche externe. Cendres, scories et autres projections retombent aussi sur les flancs du volcan, formant des couches qui se superposent.

Nuages de cendres

Magma jaillissant sous forme de lave

Cheminée principale entourée de couches de lave et de cendres

Flancs du volcan formés de couches successives de lave et de cendres

Cheminées pouvant mesurer jusqu'à 20 km de long

Couches durcies de lave, de cendres et de scories

Magma

Croûte terrestre

Chambre magmatique

Manteau

Tous les volcans se ressemblent-ils ?

Non, il existe différents types d'édifices volcaniques. Un volcan-bouclier est presque plat tandis qu'un strato-volcan est un édifice haut, aux pentes raides. Les flancs d'un volcan sont souvent formés de roches résultant du refroidissement des coulées de lave. Les pentes raides d'un strato-volcan sont constituées de couches de cendres, de scories et de bombes retombées lors des éruptions.

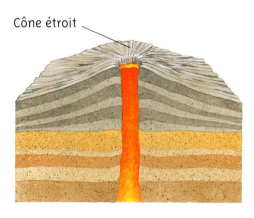

Un volcan-bouclier ?

Les volcans plats des îles Hawaii ressemblent à un bouclier à cause de la lave fluide qui s'en épanche doucement. Celle-ci forme un cône volcanique étroit.

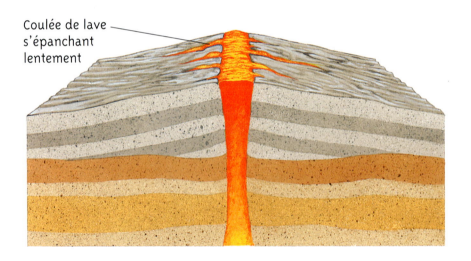

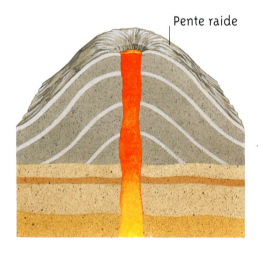

Un volcan sans trou ?

C'est le cas du volcan qui se forme sur une faille. Une faille est une fissure dans la croûte terrestre, qui peut mesurer plusieurs kilomètres de long. Le magma remonte par la faille et s'épanche en petites coulées de lave qui forment des pentes douces.

Nuage ou volcan ?

Quand la lave épaisse s'épanche par une seule cheminée, elle refroidit rapidement en coulant sur les flancs du volcan. Un dôme aux pentes raides se forme. On dirait un nuage. D'où son nom : cumulo-volcan.

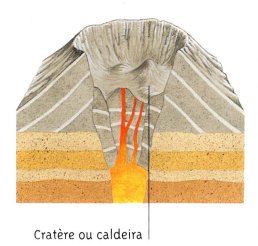

Cratère ou caldeira

Un volcan baignoire ?

Lorsque le sommet d'un volcan s'affaisse dans la chambre magmatique, il se forme une caldeira, qui se remplit parfois d'eau, donnant un lac. Drôle de baignoire !

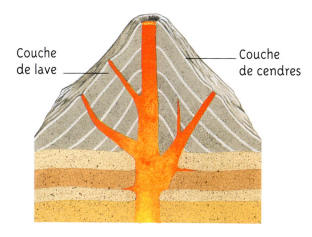

Couche de lave — Couche de cendres

Un volcan mille feuilles ?

Eh oui, c'est le strato-volcan. Il est constitué de couches de cendres et de lave superposées, formant des pentes raides.

Un volcan en forme de cône ?

À chaque éruption, les couches de scories et de cendres se superposent, finissant par former un cône aux pentes raides.

Couche de cendres

Couche de scories

9

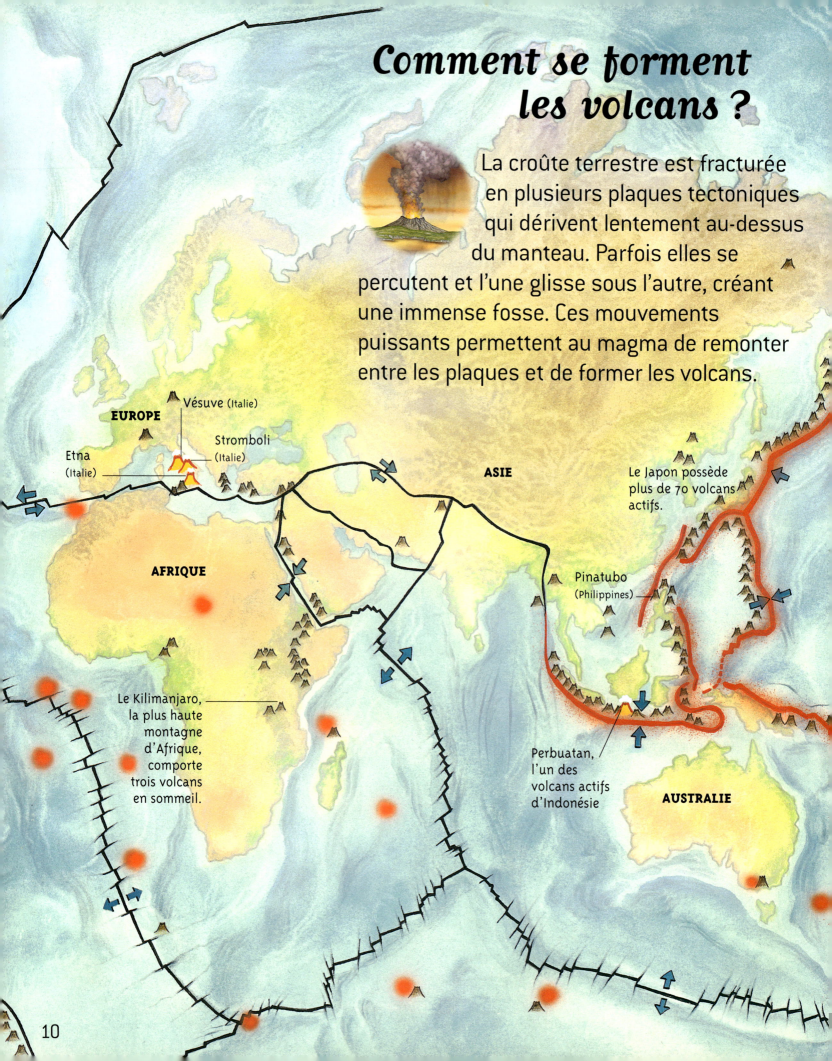

Un volcan s'endort-il pour toujours ?

Heureusement, un volcan n'est pas toujours en activité. Il peut entrer dans des périodes de sommeil plus ou moins longues et même s'éteindre complètement. Un volcan est dit actif lorsque sa dernière éruption remonte à moins de 10 000 ans et qu'une nouvelle éruption est probable. Il est en sommeil lorsqu'il est toujours susceptible d'entrer en éruption, mais à une date incertaine et lointaine. Un volcan éteint, quant à lui, ne risque plus d'exploser.

Que crache un volcan ?

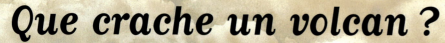

Lorsqu'un volcan entre en éruption, il crache des cendres, des scories et des blocs de roche et de lave.

Quelle a été la plus forte éruption du xxe siècle ?

Celle du Pinatubo, un volcan situé à 100 km au nord-ouest de Manille, aux Philippines. Il est entré en éruption en juin 1991, après 600 ans de sommeil. La pulvérisation de son sommet a provoqué la dispersion de 20 millions de tonnes de cendres, de poussières, de gaz nocifs et de lave qui dévalèrent les pentes du volcan à 100 km/h.

Projections volcaniques

Scories
Petits blocs de roche. Les petites pierres sont appelées lapilli.

Cendres
Minuscules particules de roches volcaniques.

Bombes volcaniques
Blocs de lave prenant des formes diverses lorsqu'ils refroidissent en tournoyant dans l'air.

Cheveux de Pélée
Minces filaments de lave, du nom de Pélée, la déesse hawaiienne des volcans.

À quelle vitesse coule la lave d'un volcan ?

Tout dépend de la fluidité de la lave et des pentes du volcan. Lorsque la lave est épaisse et gluante, elle ne progresse qu'à raison de quelques mètres par jour. Mais lorsque la lave est fluide et que les pentes du volcan sont particulièrement raides, elle est charriée par une véritable rivière de feu qui peut atteindre 40 km/h.

L'Etna est-il un dangereux voisin ?

Ce volcan de Sicile, une île italienne, est l'un des plus hauts et des plus actifs d'Europe. Ses coulées de lave sont fréquentes et la ville de Catane, à ses pieds, est souvent ensevelie sous les cendres.

Comment la lave refroidit-elle ?

La lave dite pahoehoe (« pa-hoïe-hoïe »), très fluide, refroidit en se couvrant d'une peau.

La lave aa, moins fluide, se recouvre d'une croûte qui se plisse et se fragmente.

Le magma qui jaillit sous la mer refroidit en formant des boules de lave, comme des coussins de pierre.

Lorsque la lave refroidit, les minéraux qu'elle contient durcissent, se transformant en cristaux. Certains cristaux, tels les diamants, sont rares et précieux.

Agate formée dans une bulle de magma

Zéolite, cristal vitreux composé d'oxygène, de silicone et de différents métaux

Olivine, pierre brillante contenant du fer et du magnésium

Olivine taillée (péridot)

Diamant brut dans une roche volcanique provenant du manteau

Diamant taillé

À quoi reconnaît-on un volcan actif ?

Un volcan qui fume ou explose indique clairement que du magma jaillit de la croûte terrestre. Mais il existe d'autres signes qui témoignent de l'activité volcanique. La chaleur du magma provoque des bouillonnements et des jets de vapeur. Le magma et les roches volcaniques chauffent l'eau souterraine qui jaillit, produisant des geysers, des sources chaudes et des « marmites » de boue. Cette eau chaude, en se mélangeant à des gaz, forme de petites cheminées, les fumerolles. Certaines, les solfatares, contiennent du soufre.

De l'eau souterraine, chauffée par le magma, forme un geyser d'eau chaude et de vapeur.

Où trouve-t-on des geysers ?

On trouve des geysers dans des régions volcaniques où le magma est relativement proche de la surface terrestre. C'est le cas notamment en Islande, en Nouvelle-Zélande et aux États-Unis, dans le parc de Yellowstone qui, à lui seul, en compte plusieurs centaines.

De l'eau chauffée par le magma dissout la roche et monte à la surface en formant des marmites de boue en ébullition, riche en minéraux.

Comment est né le Paricutín ?

❶ Le Paricutín est apparu dans un champ au Mexique en 1943. Vingt-quatre heures plus tard, il mesurait 10 m de haut !

❷ Après un an et plusieurs éruptions, des couches de cendres s'étaient accumulées. Le volcan mesurait 450 m de haut.

❸ En 1952, le Paricutín mesurait 528 m de haut et était recouvert de couches successives de scories lourdes et de cendres plus légères.

L'eau souterraine chauffée par le magma jaillit à la surface en formant des sources chaudes.

Le soufre provenant du magma se mélange à la vapeur d'eau chaude pour former des fumées appelées solfatares.

La vapeur se mélange à des gaz pour former de petites fumées, ou fumerolles.

Y a-t-il des volcans sous la mer ?

Oui, les volcans sous-marins sont les plus nombreux. Ils se forment à des milliers de mètres sous la mer, là où les plaques tectoniques, en s'écartant, créent une faille par où le magma remonte. Ailleurs, la plaque est si mince que le magma la perce, formant des « points chauds ». Certains volcans finissent par émerger de l'eau, formant des îles qui se couvrent rapidement de végétation.

De nombreuses îles volcaniques ont des plages de sable noir. Lorsque la lave brûlante entre en contact avec la mer froide, elle éclate en minuscules particules vitreuses riches en minéraux foncés ou noirs.

Comment se forme une île volcanique ?

  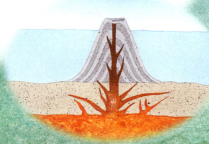

❶ Une colonne de magma transperce la croûte terrestre et jaillit sur le fond marin.

❷ Le volcan grandit peu à peu sous la mer, les couches de lave se superposent à chaque éruption.

❸ Le volcan finit par émerger à la surface de l'eau et donne naissance à une nouvelle île.

L'*Alvin*, engin d'exploration sous-marine, permet aux scientifiques de filmer, d'effectuer des mesures et de prélever des échantillons.

Cheminées formées de couches de cuivre, de fer, de soufre et de zinc.

Des cheminées dans la mer, ça existe ?

Oui. Lorsque des trous se forment dans le fond marin, des sources volcaniques crachent de l'eau chaude noire, car riche en minéraux de couleur foncée. Quand cette eau entre en contact avec l'eau de la mer, les minéraux cristallisent et se collent, créant de hautes cheminées appelées « fumeurs noirs ».

Ces vers annélides géants se nourrissent de bactéries vivant dans leur organisme.

Les grands bénitiers peuvent mesurer jusqu'à 30 cm de long.

Comment naissent les lacs volcaniques ?

Certains volcans ont des éruptions si violentes que leur sommet explose, créant un immense cratère. L'eau de pluie qui s'y accumule donne naissance à un lac. Il arrive aussi que des volcans s'affaissent sur eux-mêmes, formant des caldeiras qui se remplissent d'eau et se transforment en lacs. L'activité volcanique peut ainsi profondément bouleverser le paysage.

Après une éruption, la cheminée du volcan est fermée par un bouchon de magma solide. L'eau de pluie remplit alors le cratère, qui devient un lac.

Y a-t-il de la vie dans les lacs volcaniques ?

La plupart du temps, oui. Mais certains lacs volcaniques, comme le Kawah Idjen, dans l'île de Java, ont une eau acide car des gaz s'échappent du volcan situé en dessous et se dissolvent dans l'eau. Aucun organisme vivant ne peut survivre dans un tel lac.

Comment se forme une caldeira ?

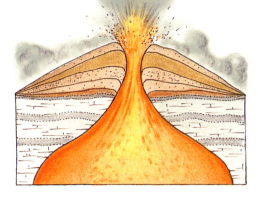 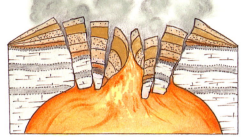 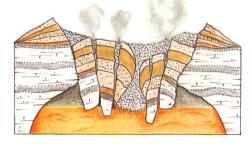

❶ Sous un volcan actif se trouve la chambre magmatique, une grande poche remplie de magma liquide.

❷ Lors d'une éruption, le niveau du magma s'abaisse, ce qui provoque l'affaissement des parois du volcan.

❸ Il se forme alors un cratère géant, appelé caldeira, qui peut se remplir d'eau de pluie et devenir un lac.

Ces volcanologues mesurent l'acidité de l'eau.

Les éruptions sont-elles fréquentes ?

Chaque année, plus de 60 volcans entrent en éruption. Un chiffre qui, selon les scientifiques, devrait augmenter avec le réchauffement climatique. Les éruptions les plus violentes provoquent des dommages importants.

Moulage de plâtre d'une victime de Pompéi

Les cendres recouvrant les victimes de Pompéi ont durci, et les corps se sont décomposés dans cette « coque ». En y versant du plâtre, les archéologues ont obtenu des moulages, comme celui représenté ci-dessus.

Quels dégâts peuvent être causés par de grosses éruptions ?

L'île de Krakatau, en Indonésie, a été détruite en 1883 par l'explosion de son volcan, le Perbuatan, qui s'est étendue à 4 000 km de distance.

Lorsque le Katmai a explosé en Alaska, en 1912, la région a été recouverte d'une épaisse couche de cendres. On ne déplora heureusement aucune victime.

Le Pinatubo, aux Philippines, a explosé en 1991, après six siècles de sommeil. Les nuées ardentes ont voilé le soleil et recouvert les terres sur des kilomètres.

Pourquoi le Vésuve est-il célèbre ?

L'éruption du Vésuve est restée la plus célèbre de tous les temps car les corps des victimes tuées par l'énorme explosion n'ont été retrouvés que 1 700 ans plus tard.

Que se passe-t-il après une éruption ?

Après une éruption, c'est tout le paysage et la population vivant à proximité du volcan qui se trouvent bouleversés. Une explosion violente peut détruire les villes et les campagnes avoisinantes et modifier le climat pendant des mois, même des années. Pendant un moment, les rayons du Soleil n'atteignent plus la Terre, entraînant une baisse de la température.

Les éruptions volcaniques causent souvent des dégâts importants, détruisant les biens et les habitations.

Avant l'éruption du mont Saint-Helens

Un volcan en éruption projette des blocs de laves, de lapilli et de cendres. Les grosses roches projetées à grande vitesse peuvent écraser des véhicules.

Vingt ans après l'éruption du mont Saint-Helens, des arbres poussent à nouveau à la place de ceux détruits par l'explosion de 1980.

Comment le mont Saint-Helens a-t-il perdu la tête ?

Durant les 123 années qui ont précédé son éruption, en mai 1980, le mont Saint-Helens, aux États-Unis, était une montagne enneigée. Le réveil de ce volcan détruisit tout son versant nord. Il ne resta plus qu'un dôme de magma encore chaud et fumant au fond du cratère laissé par l'explosion. La montagne avait perdu 400 m de hauteur.

Après l'éruption du mont Saint-Helens

Peut-on vivre près d'un volcan ?

Si les volcans sont souvent dangereux, ils peuvent aussi être bénéfiques pour les habitants de la région. Les cendres volcaniques sont en effet riches en minéraux qui nourrissent le sol et le rendent plus fertile. Certains minéraux, comme le soufre, sont utiles à l'industrie. L'eau souterraine, chauffée par le magma, sert à alimenter des turbines produisant de l'électricité, à chauffer les maisons et à fournir de l'eau chaude aux habitants de la région.

En avril 2010, l'éruption du volcan islandais Eyjafjöll a provoqué un énorme nuage de fumée. Très nocif à cause d'un choc thermique entre la lave et la glace, ce nuage a paralysé le trafic européen pendant presque trois mois.

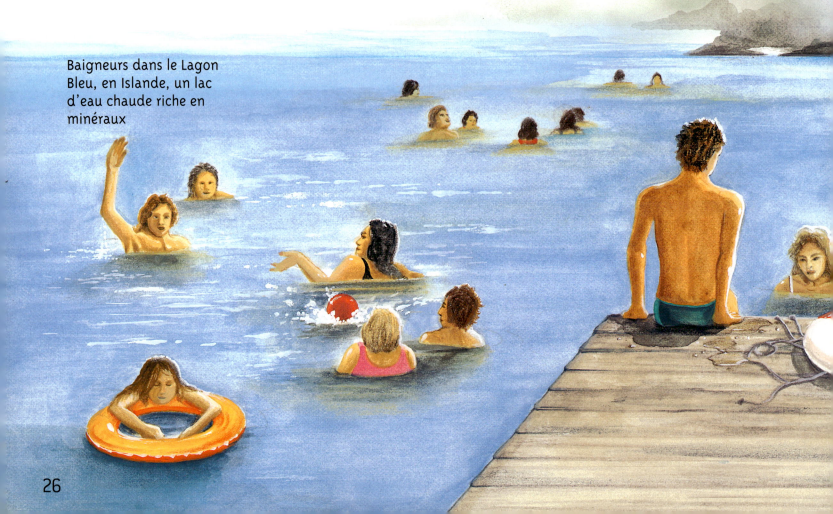

Centrale hydrothermale

Baigneurs dans le Lagon Bleu, en Islande, un lac d'eau chaude riche en minéraux

L'île grecque de Santorin se trouve au bord d'un vaste cratère créé par l'éruption d'un volcan en 1645 av. J.-C. Du blé et de la vigne poussent sur ce sol fertile.

Dans quel pays d'Europe trouve-t-on le plus de volcans ?

C'est l'Islande qui possède le plus grand nombre de volcans, mais aussi de sources chaudes et de geysers. Les centrales hydrothermales produisent près de la moitié de l'électricité du pays. On peut se baigner dans les sources chaudes riches en minéraux et excellentes pour la santé.

Qui étudie les volcans ?

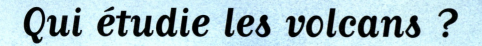

Ce sont les volcanologues, des spécialistes de la volcanologie. Ils observent les volcans afin d'essayer de prévoir quand et comment ils risquent d'exploser. Ils relèvent les traces des éruptions anciennes. Approcher les volcans au moment même où ils entrent en éruption fait aussi partie de leur travail.

Ces volcanologues mesurent la température de la lave pendant une éruption. Ils portent des combinaisons spéciales les protégeant de l'extrême chaleur produite par le volcan. Ces encombrantes combinaisons ne facilitent pas les mouvements.

Avec quel matériel ?

Les volcanologues utilisent des instruments spéciaux pour mesurer et enregistrer les phénomènes volcaniques. Ces instruments doivent être légers et résister aux températures élevées.

Longue **perche** en métal servant à prélever de la lave

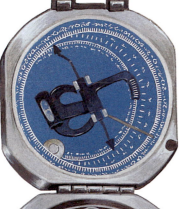

Boussole permettant d'étudier et d'établir la carte d'un volcan

Mètre ruban servant à mesurer si les fissures du volcan s'agrandissent

Jumelles permettant d'observer un volcan à distance en toute sécurité

Thermomètre servant à mesurer la température des sources chaudes et des fumerolles

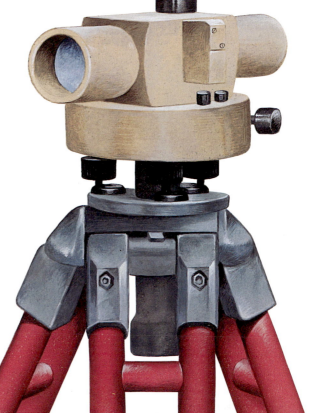

Niveau à laser indiquant si le magma qui monte vers la surface fait « gonfler » les flancs du volcan

29

Y a-t-il des volcans extraterrestres ?

Oui, il existe bien d'autres volcans dans l'Univers, mais aussi sur des astres de notre système solaire. Ainsi, la planète Mars compte-t-elle de nombreux volcans, tous éteints. Vénus, Jupiter et sans doute Uranus ont des volcans dont les éruptions sont fréquentes et violentes. Les volcans de Io, un satellite de Jupiter, crachent du soufre plutôt que de la lave.

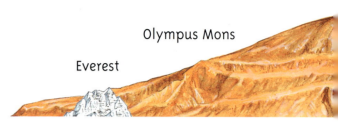

Quel volcan est trois fois plus haut que l'Everest ?

C'est Olympus Mons, un volcan éteint de Mars. Il est à la fois le plus grand volcan de notre système solaire et le plus grand de tous les volcans connus.

Qui a vu une éruption sur Io ?

La navette spaciale américaine *Voyager 1*, en 1979. Le volcan Prometheus projetait un jet de soufre à 300 km de hauteur.

Glossaire

Aa Coulée de lave à surface craquelée.

Bouchon Boule de magma solide et froid bouchant la cheminée d'un volcan au fond du cratère.

Caldeira Vaste cuvette au sommet d'un volcan résultant de l'effondrement de celui-ci.

Cendres Fines particules de roche et de lave éjectées lors d'une éruption. Les particules les plus fines forment la poussière volcanique.

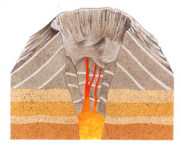

Chambre magmatique Grande cavité située sous un volcan et dans laquelle s'accumule le magma.

Cheminée Conduit reliant la chambre magmatique à la surface, et par où remonte le magma.

Cratère Grande cuvette formée à la suite d'une éruption.

Cristal Minéral solide résultant du refroidissement de la lave ou de l'évaporation d'un liquide dans l'air.

Croûte Enveloppe extérieure solide de la Terre flottant au-dessus du manteau (couche de roche très chaude).

Faille Fissure à la surface de la Terre.

Lapilli Petits blocs de lave projetés lors d'une éruption volcanique.

Lave Roche en fusion sortie du volcan pendant l'éruption. Elle est formée par le magma lorsqu'il perd son gaz.

Magma Roche en fusion provenant de la croûte terrestre ou du manteau et très riche en gaz volcaniques.

Manteau Enveloppe molle de la Terre située entre le noyau externe et la croûte. Le manteau est chaud et, par endroits, en fusion.

Minéral Corps chimique composé de plusieurs éléments, et entrant dans la composition de toutes les roches.

Noyau Le centre de la Terre. Il comprend un noyau interne solide et un noyau externe liquide, tous deux composés d'un alliage de fer et de nickel.

Pahoehoe Coulée de lave dont la croûte refroidie s'est ridée en surface.

Plaque tectonique Morceau de la croûte terrestre qui dérive lentement.

Point chaud Zone où la croûte terrestre est très mince, et par où remonte le magma pour former un volcan.

31

Index

A
aa 15, 31

B
bombes volcaniques 13
bouchon 20, 31

C
caldeira 9, 20-21, 31
Ceinture de Feu 11
cendres 4, 7-9, 12-14, 17, 22, 25-26, 31
chambre magmatique 6-7, 9, 21, 31
cheminée 6-8, 16, 19-20, 31
cheveux de Pélée 13
climat 4, 24
Cotopaxi 11
coulées de lave 4, 8, 14
cratère 9, 20-21, 25, 27, 31
cristaux 15
croûte océanique 6
croûte terrestre 6-8, 10-11, 16, 18, 31

E
éruption 4-5, 7-9, 12-13, 17-18, 20-28, 30-31
États-Unis 11, 16, 25
Etna 10, 14
Everest 30
explosion 4, 22-25
Eyjafjöll 26

F
faille 6, 8, 18, 31
fissure 6, 8, 29, 31
fosse 10
fumerolle 16-17, 29
fumeur noir 19

G
gaz 4, 13, 16-17, 20, 31
geyser 16, 27

H
Hawaii 8, 11

I
île volcanique 18
Io 30
Islande 11, 16, 26, 27

J
Jupiter 30

K
Katmai 22
Kawah Idjen 20
Kilimanjaro 10

L
lac acide 20
lac volcanique 9, 20, 21, 26
lave 4, 6-9, 12-15, 18, 26, 28-31

M
magma 4-8, 10, 15-18, 20-21, 25-26, 29, 31
manteau 6, 7, 10, 15, 31
marmite 16
Mars 30
Mauna Loa 11
minéraux 15-16, 18-19, 26-27

N
Nouvelle-Zélande 16
noyau 6, 31

O
Olympus Mons 30

P
pahoehoe 15, 31
Paricutín 11, 17
Pelée (montagne) 11
Perbuatan 10, 22
Pinatubo 10, 13, 22
plaques tectoniques 6, 10, 18
point chaud 11, 18, 31
Pompéi 22

R
réchauffement climatique 22
roche 4, 6, 8, 11-13, 15-16, 31

S
sable noir 18
Saint-Helens (mont) 11, 24-25
Santorin 27
scories 7, 9, 12-13, 17
solfatare 16-17
source chaude 16, 17, 27
source volcanique 19
Stromboli 10

V
Vénus 30
Vésuve 10, 23
volcan :
- actif 10, 11, 12, 14, 16, 21
- bouclier 8
- cumulo-volcan 8
- en sommeil 10, 12
- éteint 12, 30
- sous-marin 11, 18
- strato-volcan 8-9

volcanologie 28
volcanologue 4, 21, 28-29
Voyager 1 30

Y
Yellowstone (parc de) 16